Udo Richard

Geschichten vom kleinen Delfin

Illustriert von Sabine Kraushaar
und Kristin Labuch

Stickern, malen, mehr erfahren!

In der *Bildermaus – Lesen lernen mit Stickern* können Kinder spannende Geschichten (mit-)lesen sowie Texte vervollständigen, malen, spielen und vor allem Spaß haben. Sie wurde entwickelt, um die erste Leseerfahrung für Kinder ab 5 Jahren so spannend und abwechslungsreich wie möglich zu gestalten. Hier werden nicht nur der Umgang mit Sätzen und das Textverständnis geschult, es wird auch Platz für die Kreativität und Gestaltungswünsche der Kinder gelassen.

Drei bunt illustrierte Geschichten erzählen von den Abenteuern einer liebenswerten Figur oder einem tollen Schauplatz. Im Text werden alle Hauptwörter durch kleine Bilder ersetzt, welche die Kinder beim gemeinsamen (Vor-)Lesen erkennen und benennen können. Auf jede Geschichte folgen Mitmachseiten mit Textfragen, Spielen und Malaufgaben. Hier können Fragen zu den Geschichten mithilfe von bunten Stickern durch eine einfache Wort-Bild-Zuordnung gelöst werden. Auf diese Weise erkennen Kinder spielerisch, ob sie den Text verstanden haben und die Geschichte wiedergeben können. Daneben sorgen Spiele und knifflige Rätsel für notwendige Belohnungspausen zwischen den Leseeinheiten. Ausleben können sich die Kinder außerdem auf den Ausmalseiten, die sowohl zum Malen als auch zum Gestalten mit den Stickern einladen.

So macht Lesenlernen Spaß!

Inhalt

Der kleine Delfin 4

Tobby und die Tierkinder 23

So richtig wild 39

Die Wörter zu den Bildern . . . 55

Lösungen 58

Der kleine Delfin

Tobby, der kleine 🐬, lebt mit vielen anderen 🐬 im 🌊.

Wunderschön ist es hier!

Am strahlend blauen ☀ fliegen kreischend die 🐦.

Auf einer kleinen 🏝 liegen die 🦭 faul in der ☀.

Und im 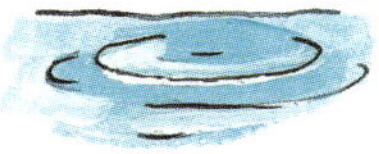  schwimmen

uralte 🐢 und riesige 🐋.

Ab und zu kommt ein 🚢 vorbei.

Wie jetzt gerade!

Neugierig streckt Tobby den  aus dem . Ach ja, das  kennt er schon. Die  darauf wollen die  und die  beobachten.

Aufgeregt rudern die  mit den . Sie haben den kleinen  entdeckt. Viele von ihnen halten einen  in der  .

„Na, dann mal los!", sagt sich der kleine 🐬. Elegant reitet er auf der großen 🌊 vor dem ⛴. „Oooh", staunen die 👨‍👩‍👧‍👦.

Dann schwingt sich Tobby aus

dem   und läuft rückwärts

mit der  über die  .

„Aaah", tönt es vom .

Nun springt Tobby so hoch, als wolle er die  berühren.

Platsch! macht es, als er mit dem  auf das  klatscht.

„Iiih!", schreien die .

Sie sind ganz nass geworden.

Tobby reißt den  auf, nickt

mit dem  und lacht keckernd.

Die  stehen da mit

offenem  – dann müssen

sie auch lachen. So einen frechen

kleinen  haben sie noch

nie gesehen!

Wie heißt noch mal der kleine Delfin? Male ihn und seinen Namen bunt aus. Auf die Schatzkiste kannst du deinen Namen schreiben.

Ergänze die Sätze mit Stickern.

Tobby lebt mit vielen anderen ⬭ im Meer. Am Himmel fliegen die ⬭ . Auf der Insel liegen die ⬭ faul in der Sonne. Im Meer schwimmen riesige ⬭ und uralte ⬭ .

Was passiert heute?

Tobby streckt neugierig

den  aus dem Wasser.

Ein  mit ⬭

darauf kommt vorbei! Als sie

Tobby entdecken, rudern sie mit

den ⬭ .

Schau auf Seite 12 ganz genau hin. Wen siehst du auf dem Schiff? Markiere diese Personen mit einem Smiley.

Hilf Tobby und setze die Reihen mit Stickern logisch fort.

Ergänze die Sätze mit Stickern.

Viele Menschen auf dem Schiff halten einen ( ) in der Hand. Sie wollen die ( ) und ( ) beobachten. Für sie führt der kleine ( ) ein paar besonders tolle Kunststücke vor.

Erinnerst du dich an Tobbys Kunststücke?

Er reitet auf der großen

vor dem  .

Er läuft rückwärts mit der

 über die Wellen.

Er springt ganz hoch und

klatscht dann mit dem

auf das Wasser.

Das spritzt! Die Menschen werden ganz nass und Tobby muss lachen. Male das Bild aus.

Tobby flitzt mit seinen Freunden um die Wette. Wer von ihnen findet die Flaschenpost? Fahre die Linien nach und kreise den richtigen Delfin ein.

Lies genau und klebe jeweils den passenden Sticker ein.

Tobby und die Tierkinder

Der kleine  stützt den

in die   und denkt nach:

„Ich würde ja zu gerne mal mit

kleinen  spielen. Oder

mit kleinen ! Am liebsten

‚Fang den ' oder vielleicht

auch ‚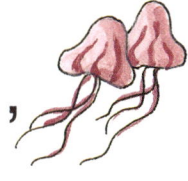 versenken'!"

Der kleine  schwimmt los.

Als Erstes trifft er Kalli .

Aber komisch! Kalli mag gar

nicht ‚Fang den ' spielen.

Er zwackelt wild mit seinen .

Da schwimmt Tobby lieber schnell weiter. Als Nächstes sieht der kleine  Susi auf einem liegen. „Butschi-butschi bäh!", macht Susi.

„Die ist ja noch ein !", denkt der kleine   und schwimmt weiter. Dort, wo das  ganz tief ist, sieht Tobby Willi .

Aber leider ist selbst ein sehr kleiner  viel zu groß für einen kleinen .

Schließlich trifft Tobby Siggi .

Siggi balanciert einen roten

auf der . „Cool!", sagt Tobby.

„Darf ich auch mal probieren?" –

„Klar!", sagt der kleine .

Er patscht ihm den  mit der 🦭 zu. Auch Tobby kann den 🔴 balancieren – auf seinem 🐬. „Toll!", ruft Siggi und klatscht in die 🦭.

Der kleine 🐬 und der

kleine 🦭 machen ab jetzt

immer alles gemeinsam.

Und ‚Fang den 🦀' spielen?

Das tun sie auch!

Siggi und Tobby sind jetzt die allerbesten Freunde. Wie heißt dein/e beste/r Freund/in? Male euch beide in den Rahmen.

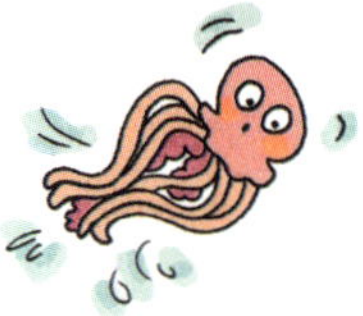

Ergänze die Sätze mit Stickern.
Mit welchen Tierkindern möchte Tobby auf Seite 23 gerne spielen?

Mit kleinen

und kleinen .

Was sind seine Lieblingsspiele?

„Fang den " und

„ versenken"!

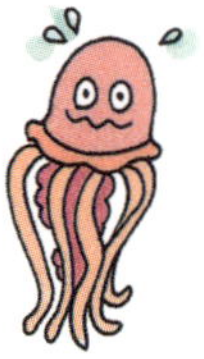

Erinnerst du dich an die Namen der Tierkinder? Male sie aus und klebe zu jedem Namen den passenden Sticker.

Schau dir die Geschichte noch mal genau an und klebe jeweils den richtigen Sticker ein

Wen trifft Tobby zuerst:

den  oder den  ?

Wer streckt ihm die Zunge heraus:

der   oder der  ?

Wer balanciert einen roten Ball

auf der Schnauze:

der  oder der  ?

Ergänze die Sätze mit Stickern.

Darf Tobby auch mit dem

schönen roten  spielen?

Ja! Siggi patscht ihm den Ball

mit der  zu und

Tobby balanciert ihn

auf seinem ⬭ .

Tobby trifft den riesigen Wal Willi. Welche dieser Tiere sind auch sehr groß? Sortiere diese Tiersticker passend ein.

Auf seinem Weg begegnet Tobby auch vielen Fischen. Zwei sehen genau gleich aus. Verbinde sie und male alle Fische aus.

Hier sind noch einmal alle Tierkinder versammelt. Klebe die Tiere hinzu, die auch noch mitspielen wollen.

So richtig wild

Die ☀ lacht vom 🌤 , ein frischer 🌬 kräuselt die 🌊 und Tobby fühlt sich stark wie ein 🐂. Der kleine 🐬 will heute mal so richtig wild sein.

Er ballt die ✊ und fletscht übermütig die 🦷.

Dann schießt er wie ein 🏹 durchs 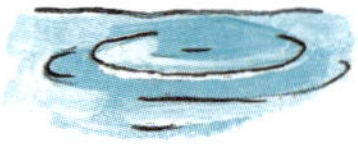 🌊. „Aus dem 🏞️, ihr trüben ☕☕!", brüllt er. „Oder wollt ihr mit mir kämpfen?"

Vergnügt gluckst der kleine 🐬 vor sich hin. Da entdeckt er auf einem 🪨 eine 🦪.

„He, du!", ruft er ihr zu. „Willst du mit mir kämpfen?"

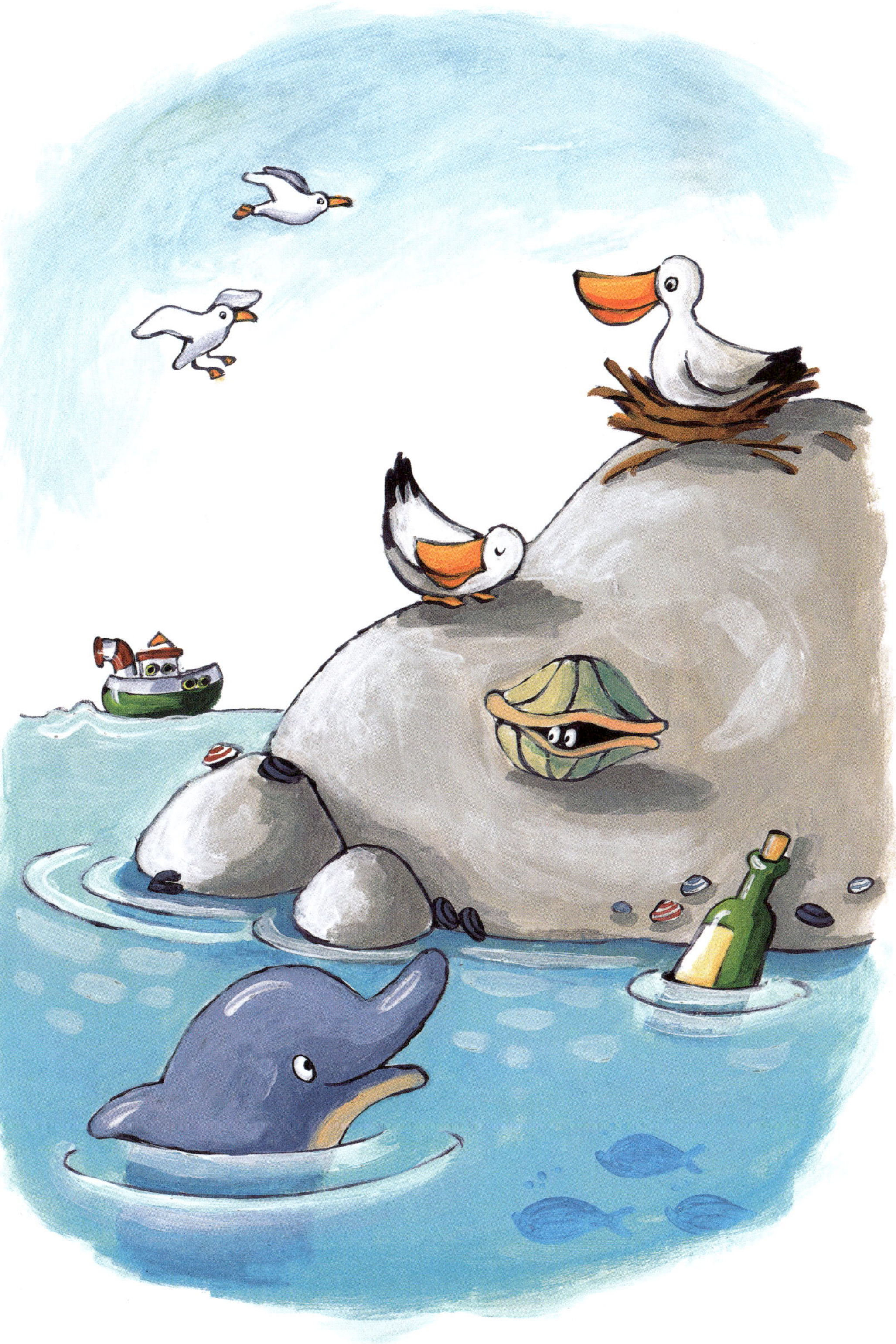

Die 🐚 klappt erschrocken ihre 🐚 zu. „Dumme 🦢!", denkt der kleine 🐬 und schwimmt weiter.

Da trabt von rechts ein 🐴 heran.

„Na, du kleines 🌭?", poltert

Tobby. „Wie wär's, wollen wir

ein bisschen boxen?"

Das 🌊 zieht den 🦐 ein

und galoppiert eilig davon.

Jetzt drückt Tobby noch mal

richtig auf die 🧴. Wie eine 🚀

saust er durchs 💧.

Plötzlich türmt sich eine große

graue 🧱 vor ihm auf.

Der kleine 🐬 kann gerade

noch bremsen. „Na, du 🧙 ?",

brummt ein riesiger 🐋 .

„Willst du etwa mit mir kämpfen?" –

„Äh, ich?", piepst Tobby. „Lieber

nicht!" Und plötzlich ist der

kleine 🐬 wie ein ⚡ im

tiefen 🌊 verschwunden.

Ergänze die Sätze mit Stickern.

Heute ist der kleine ⬭

ganz übermütig. Er fühlt sich

stark wie ein ⬭ und ballt

seine ⬭ . Heute will er

richtig wild sein!

Wer will mit Tobby kämpfen?

Die 〇 nicht,

sie klappt erschrocken

ihre 〇 zu.

Auch das 〇

galoppiert davon.

Finde die fünf Unterschiede.

Schau dir die Geschichte genau an und klebe jeweils den richtigen Sticker ein.

Wie nennt Tobby die Muschel:

dumme 🦢 oder blöde 🐄 ?

Was sagt er zum Seepferdchen:

Faule 🍅 oder kleines 🌭 ?

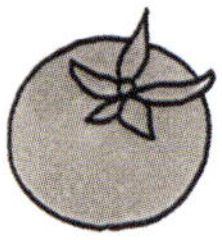

Wie verschafft sich Tobby freie

Bahn? Er ruft: „Aus dem Weg …

… ihr trüben ☕ !" oder

… ihr lahmen 🦆 !"?

Im Wasser schwimmt eine Flaschenpost. Bestimmt ist eine Schatzkarte darin! Bei welchem Symbol musst du starten, um zum Schatz zu gelangen? Klebe das richtige Symbol ein.

Heute ist Tobby richtig schnell. 
Kannst du dich erinnern, was er macht?
Ergänze den Text mit Stickern.

Zuerst schießt er wie ein ○ durchs Wasser. Danach drückt er richtig auf die ○ und saust los wie eine ○ .

Zum Schluss verschwindet er wie ein ○ im tiefen Wasser.

Jetzt muss sich Tobby ausruhen. Er spielt Domino mit Siggi. Ergänze die fehlenden Steine mit Stickern.

Wie viele Tiere kannst du jeweils entdecken?
Klebe die richtigen Zahlensticker ein.

Die Wörter zu den Bildern:

Delfin

Schildkröten

Meer

Wale

Himmel

Schiff

Möwen

Kopf

Insel

Menschen

Seehunde

Arme

Sonne

Fotoapparat

Wasser

Hand

Welle	Scheren
Schwanz-flosse	Seestern
Wolken	Felsen
Rücken	Baby
Schnabel	Ball
Mund	Nase
Flossen	Wind
Krebs	Stier
Quallen	Zähne

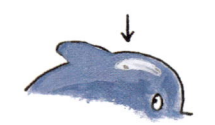

Pfeil

Weg

Tassen

Muschel

Schalen

Gans

Seepferdchen

Würstchen

Tube

Rakete

Mauer

Gartenzwerg

Blitz

Lösungen

Der kleine Delfin

Lösung zu S. 14:

Lösung zu S. 15:

Lösung zu S. 16:

Lösung zu S. 17:

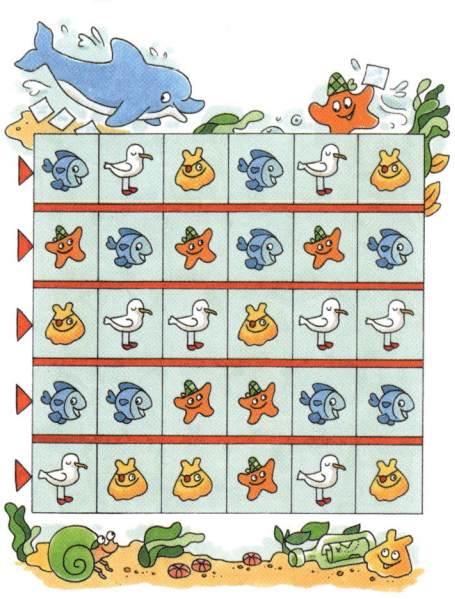

Lösung zu S. 18:

Lösung zu S. 19:

Lösung zu S. 21:    Lösung zu S. 22:

Tobby und die Tierkinder

Lösung zu S. 32:

Lösung zu S. 33:

Kalli Susi
Willi Siggi

Lösung zu S. 34:

Lösung zu S. 35:

Lösung zu S. 36:

Klein Groß

Lösung zu S. 37:

Lösung zu S. 38:

So richtig wild

Lösung zu S. 47:

Lösung zu S. 48:

Lösung zu S. 49:

Lösung zu S. 50:

Lösung zu S. 51:

Lösung zu S. 52:

Lösung zu S. 53:

Lösung zu S. 54:

Lesen, Schreiben, Rätseln mit der BilderMaus

ISBN 978-3-7855-8618-1

ISBN 978-3-7855-8619-8

Lesen, Schreiben, Rätseln in einem Heft

Lies zuerst die Geschichte alleine oder zu zweit. Schreibe danach die Wörter aus der Geschichte. Und am Ende gibt es noch Rätsel zu lösen.

- Mit Bildermaus-Geschichten spielerisch lesen und schreiben lernen
- Orientierung am Grundwortschatz der Grundschule
- Rätsel fördern logisches Denken und Konzentrationsfähigkeit